BEI GRIN MACHT SICH IHR WISSEN BEZAHLT

- Wir veröffentlichen Ihre Hausarbeit, Bachelor- und Masterarbeit

- Ihr eigenes eBook und Buch - weltweit in allen wichtigen Shops

- Verdienen Sie an jedem Verkauf

Jetzt bei www.GRIN.com hochladen und kostenlos publizieren

Mathis Much

Einhards "Vita Karoli magni" - Einhards Personendarstellung von Karl dem Großen

GRIN Verlag

Bibliografische Information der Deutschen Nationalbibliothek:

Die Deutsche Bibliothek verzeichnet diese Publikation in der Deutschen Nationalbibliografie; detaillierte bibliografische Daten sind im Internet über http://dnb.d-nb.de/ abrufbar.

Dieses Werk sowie alle darin enthaltenen einzelnen Beiträge und Abbildungen sind urheberrechtlich geschützt. Jede Verwertung, die nicht ausdrücklich vom Urheberrechtsschutz zugelassen ist, bedarf der vorherigen Zustimmung des Verlages. Das gilt insbesondere für Vervielfältigungen, Bearbeitungen, Übersetzungen, Mikroverfilmungen, Auswertungen durch Datenbanken und für die Einspeicherung und Verarbeitung in elektronische Systeme. Alle Rechte, auch die des auszugsweisen Nachdrucks, der fotomechanischen Wiedergabe (einschließlich Mikrokopie) sowie der Auswertung durch Datenbanken oder ähnliche Einrichtungen, vorbehalten.

Impressum:

Copyright © 2010 GRIN Verlag GmbH
Druck und Bindung: Books on Demand GmbH, Norderstedt Germany
ISBN: 978-3-656-13588-3

Dieses Buch bei GRIN:

http://www.grin.com/de/e-book/189467/einhards-vita-karoli-magni-einhards-personendarstellung-von-karl-dem

GRIN - Your knowledge has value

Der GRIN Verlag publiziert seit 1998 wissenschaftliche Arbeiten von Studenten, Hochschullehrern und anderen Akademikern als eBook und gedrucktes Buch. Die Verlagswebsite www.grin.com ist die ideale Plattform zur Veröffentlichung von Hausarbeiten, Abschlussarbeiten, wissenschaftlichen Aufsätzen, Dissertationen und Fachbüchern.

Besuchen Sie uns im Internet:

http://www.grin.com/

http://www.facebook.com/grincom

http://www.twitter.com/grin_com

1. Einleitung

Diese Arbeit ist der *Vita Karoli* gewidmet, die neben anderen karolingischen Quellen, wie den Königs- und Kaiserurkunden, den Reichsgesetzen, den von Karl dokumentierten Volksrechten, den Reichsannalen, den zeitgenössischen Briefen usw. den Grundstein für eine historische Annäherung an ein glaubwürdiges Geschichtsbild des *pater europae* gewährleisten. In dem nunmehr über 1200 Jahren gewachsenen Geschichtsbild Karls des Großen, dafür haben sowohl die zeitgenössischen Quellen als auch aktuelle politische, literarische und kultische Formen des Nachlebens Karls gesorgt, überwiegen die Anerkennung und die Bewunderung dieser herausragenden historischen Persönlichkeit. Trotz mancher Übertreibungen und Verzerrungen sind Vorbehalte und Zweifel äußerst selten. Für eine historisch- kritische Betrachtung der Persönlichkeit Karls ist die Anbindung an verlässliche Ergebnisse der historischen Forschung unabdingbar.

Nachdem eine allgemeine Einführung in die Quellengattung Vita vollführt wurde, werden einige grundlegende biographische Aspekte des Vitenautors aufgezeigt. Diese sollen Einharts Perspektive zum Geschehen und damit einhergehend dessen Glaubwürdigkeit näher beleuchten. Dieses Kapitel soll einen Grundstein für mögliche Fragestellung zur Sicht des Autors auf seine Zeit bzw. der Sicht des Autors auf seinen Herrscher legen. Die *Vita Karoli magni* Einharts nimmt entgegen der zur damaligen Zeit verbreiteten Heiligenvita die Tradition der Herrscherbiographie wieder auf. Es wird der Inhalt Kapitelweise so kurz als möglich zusammengefasst, so dass sich der Leser einen Überblick des gesamten Werkes verschaffen kann. Im Weiteren gilt es herauszufinden welche Motivation der Autor gehabt haben könnte eine Vita zu verfassen und wie seine Zeitgenossen auf eine solche mögliche Anmaßung reagiert haben. Da es für eine Arbeit dieser Art zu weit führen würde, sämtliche Inhalte der Vita näher zu erläutern und diese einzelnen Aspekte auf ihren Quellenwert zu prüfen, beschränke ich mich auf das in der Vita vermittelte Bild Karls. Andere Quellen, die zur Erkenntnis über die Persönlichkeit Karls weiterhelfen könnten, werden nicht herangezogen (an der einen oder anderen Stelle werden sie der Form halber erwähnt), da dies den Rahmen der Arbeit sprengen würde. Die Beurteilung von Einhards Text in der Forschung reicht von unkritischer Akzeptanz bis hin zu einer vollständigen Infragestellung seines historischen Wertes."[1] So sehen die einen, auch aufgrund von Fehlern in der historischen Darstellung[2], die

---

[1] McKitterick S. 23.
[2] Vgl. Ranke S. 96.

Vita als bloßen panegyrischen Lobgesang auf Karl, andere hingegen als Spiegel der Zeit, der für das politische Verständnis der Zeitgenossen maßgebend war.

2. Die Vita als Quellengattung

„Der lateinische Begriff Vita bezeichnet – nicht anders als seine Übersetzung in moderne Sprachen – zweierlei: das tatsächlich gelebte Leben eines Menschen und die literarische Darstellung dieses Lebens. Und während die unreflektierte Wiedergabe des Wortes Vita mit Leben beide Bedeutungen impliziert – wenn auch mehr Nähe zur Person darin anzuklingen scheint -, misst man mit der Übersetzung <Lebensbeschreibung> dem gestaltenden Autor das größere Gewicht bei."[3] Doch spätestens seit den Plutarch- Übersetzungen, welche 1709 in Deutschland belegt sind[4] ist ebenso die Übersetzung <Biographie> anzutreffen. M. E. ist es jedoch unverständlich, dass diese Übersetzung ungebräuchlich geblieben ist, da eine Unterscheidung zwischen <Lebensbeschreibung> und <Biographie> doch weitestgehend willkürlich erscheint. Vielleicht ist es die Erwartungshaltung des modernen Lesers an eine Biographie, von der man „ein Höchstmaß an Objektivität, aber auch Interpretation"[5] erwartet. Dass jeder Biograph aus einer zeitspezifischen und persönlichen Sicht schreibt, gilt sowohl für den mittelalterlichen als auch für den modernen Biographen, wobei es bei den erstgenannten womöglich schneller auffallen mag. Es bleibt, egal zu welcher Zeit die Vita verfasst worden ist, die Frage nach dem Verhältnis zwischen gelebtem und dargestelltem Leben. „Es ist daher nicht einzusehen, warum man für das Mittelalter auf den Begriff Biographie verzichten sollte."[6] Aus diesem Grund wird in dieser Arbeit der Begriff Vita gleichstehend zu dem Begriff Biographie gebraucht. Die Quellengattung Vita wird von der Mehrzahl der Historiker zu den hagiographischen Quellen[7] gezählt, da sich der Großteil der uns bekannten mittelalterlichen Viten auf christliche Heilige bezieht. Diese Art der Viten soll jedoch nicht Bestandteil dieser Arbeit sein, da die „Hagiographie [...] jenes normative Element (verlangt), das den biographischen Darstellungen vorbildlicher Menschen schon in der Antike eignete: Sie verlangt die Darstellung von Sein und Sein- Sollen zugleich, wenn nicht sogar den Beweis, daß beides übereinstimmt, und drückt diese Übereinstimmung in

---

[3] Haarländer S. 1.
[4] Vgl. Berschin S. 21.
[5] Haarländer S. 1.
[6] Haarländer S. 1.
[7] Sind die beschrieben Personen klar zu religiösen Persönlichkeiten, bzw. zu historisch weltlichen Persönlichkeiten zuzuordnen, erscheint mir eine Einteilung der Quellengattung Vita in Hagiographie und Historiographie sinnvoll. Ein Bsp. für eine hagiographische Vita wäre demnach die Vita Martini und ein Bsp. für die historiographische Vita wäre die Vita Karoli.

religiöser Sprache als Zeichen einer – wie auch immer gearteten – göttlichen Erwählung aus. Solche Aussagen lassen sich zwar religionsgeschichtlich einordnen, entziehen sich jedoch in ihrem Kern der Erfaßbarkeit durch das historische Instrumentarium."[8] Es entwickelten sich in der Forschung zwei Richtungen. Die Gruppe der Theologen, allem voran die Mauriner und Bollandisten, suchten, wie es der Kanonisationsprozess verlangte, nach einer Überprüfbarkeit der Norm in den hagiographischen Quellen. Einer Norm, die „die herrschende Anarchie der Tat und der Gesinnung überwinden helfen will, indem sie den Heros zeigt, der die ewige Wahrheit und das ewige Sittlichkeitsgebot denkend, handelnd, leidend verkörpert. Sie behält daher von der historischen Realität nur bei, was sich dieser Absicht fügt; das Wirkliche überhöht sie, bis es die Linie des Ideals erreicht, und was darunter bleibt, streicht sie weg […]"[9] Die Gruppe der positivistisch orientierten Historiker suchte nach funktionalen Daten, die objektiv Aufschluss über historische Tatsachen geben sollten. Doch so unterschiedlich die beiden Gruppen ihre Präferenzen im Umgang mit den Viten legten, so unterschied sich auch die Einteilung in Glaubwürdiges und Unglaubwürdiges.[10]

Dementsprechend wird der Quellenwert der historiographischen (oder auch hagiographischen) Quelle Vita durch den Historiker, im Vergleich zu dem administrativen Schriftgut, wie bspw. der Urkunde, geringer eingeschätzt. Liegt die Begründung einer besseren Beglaubigung der Urkunde und somit des Tatbestandes doch nahe. Es ist spätestens seit Droysen und Bernheim bekannt, dass „in der Urkunde als einem „Überrest" (der) unmittelbare Niederschlag derjenigen objektiven Wirklichkeit zu sehen (ist), auf die der Erkenntniswille des Historikers gerichtet ist, während die Historiographie wie jede literarische Überlieferung diese Wirklichkeit nur durch das Medium des reflektierenden Geistes erkennbar macht."[11] Zieht man außerdem in Betracht, wie es um die grundlegenden Bedingungen der Geschichtsschreibung, wie der Informationsbeschaffung, der Methoden und Quellen im Mittelalter stand, so ist, selbst wenn die Forschung dem Schreiber ein hohes Maß an Objektivität zugesprochen hat, die Befangenheit in Anbetracht der eigenen und zeitbedingten Vorstellungen nicht zu beschönigen oder außer Acht zu lassen. Es scheint deshalb nicht verwunderlich, dass die Forschung Urkunden und ähnliche Überreste als Quellen bevorzugt behandelt. Nichts desto trotz wurden Methoden entwickelt, die der mittelalterlichen Historiographie ein Maximum an brauchbaren Material abgewinnen. „Das Bemühen war vor allem darauf gerichtet, den in der Historiographie enthaltenen Schatz an

---

[8] Haarländer S. 2.
[9] Hellmann S. 165.
[10] Haarländer S.4.
[11] Beumann S.40.

Nachrichten zu heben, das gleichsam in ihr verborgene Gold von jenen Schlacken zu reinigen, die ihm infolge seiner Entstehungsbedingungen anhaften."[12] Die mittelalterliche Historiographie ist wie jede andere Geschichtsschreibung auch weit mehr als der bloße Lieferant historischer Nachrichten. Sie bietet einen Eindruck über die geistige Auseinandersetzung der Zeitgenossen über historische Gegebenheiten und wie diese sich mit der sie umgebenden Wirklichkeit auseinandersetzten. So bietet auch die Vita Einblicke in „immer wieder erneuerte Bemühungen (der Vitenautoren), den eigenen geschichtlichen Standort auf dem Hintergrund der Vergangenheit zu bestimmen, die geschichtliche Tradition an die Gegenwart heranzuführen und diese mit Hilfe jener zu deuten."[13] Betrachtet man die Vita Karoli einmal nicht als den oben angesprochenen Lieferanten bloßer geschichtlicher Fakten, sondern hinterfragt man den Text nach der Stellung des Verfassers zu politischen, staatsrechtlichen und religiösen Verhältnissen[14] seiner Zeit, so kann die Historiographie unter diesem Aspekt, welche im Sinne Bernheims tatsächlich nur als „Tradition" bezeichnet werden kann, ohne weiteres als „Überrest" betrachtet werden.

3. Einhart

Um in der später folgenden Quellenkritik (*Vita Karoli magni*) die Intentionen des Autors nachvollziehen und richtig einordnen zu können, ist es nötig, zuvor einige grundlegende biographische Aspekte über Einhart zu schildern. Wie in der Einleitung schon beschrieben, fußten die Bemühungen Karls in der so genannten karolingischen Renaissance, deren Motivation in dem immer wieder zu verzeichnendem Vergleich mit der römischen Antike zu sehen ist, auch bei dem unter dessen Regierung heranwachsenden Einhart.[15]

Einhart wurde, aus einem ostfränkischen Geschlecht im Maingau stammend, ca. 770 geboren. Dank seiner wohlhabenden Eltern erlangte er im Kloster Fulda seine erste Ausbildung, die tatsächlich stattgefunden zu haben, durch Einharts Tätigkeit als Urkundenschreiber im Jahre 788 und 791, als erwiesen angesehen wird. Dieser Schule verdankte er seine Kenntnisse in lateinischen Klassikern, Dichtern, Geschichtsschreibern, Grammatikern, Rhetorikern und in der griechischen Sprache. Vom Abt Baugulf an den Hof Karls gesandt, vertiefte er seine Ausbildung, indem er zeitgenössische Schriftsteller seiner Zeit kennen lernte. Er errang schnell Ansehen am ganzen Hof und übernahm nach der Übersiedlung Alkuins nach Tours

---

[12] Beumann S.41.
[13] Beumann S.42
[14] Nach religiösen Verhältnissen können vor allem die hagiographischen Viten befragt werden.
[15] Vgl. Wattenbach, S. 266-267.

die Stelle des Lehrers an der Hofschule. Viele Schriften gibt es von ihm jedoch nicht. Die bekannteste und bedeutendste seiner wenigen Schriften ist die *Vita Karoli magni*, die wohl das größte literarische Erzeugnis der karolingischen Renaissance ist. „Sie zeigt nicht nur eine überraschend hohe Fähigkeit zur Nachahmung antiker Vorbilder, sondern auch eine ebenso achtungswerte Unabhängigkeit ihnen gegenüber."[16] Er entwickelte in seiner Vita aus den Kaiserbiographien Suetons eine persönliche Charakteristik Karls, die den Quellenwert dieser Schrift für die historische Forschung unermesslich macht. Mit der Verfassung der Vita begab Einhart sich in Anbetracht seiner Zeit auf literarisches Neuland. Zwar war in der römischen Kaiserzeit eine Vielzahl biographischer Literatur hervorgebracht worden, die allerdings, mit Ausnahme des *Agricola*, nur Biographiereihen darstellten. Doch war es im Sinne Einharts eine Einzelbiographie zu verfassen, die „den Fluß der Geschichte einen Augenblick stillstehen heißt, um das große Individuum zu zeigen, das über ihn hinausragt".[17] Während der Karolingerzeit rückten die Autoren ein Stück weit von dem hagiographischen Apparat[18] des Wunderbaren ab und beschränkten sich auf das rationalistisch Erklärbare. Andererseits näherte man sich den Legenden der Merowingerzeit und stellte diese durch Überhöhung ins Wunderbare dar.[19] So viel zur Lage der Zeit, in der Einhart sich ans Werk machte die Vita zu verfassen.

Das Verhältnis Einharts zu der beschriebenen Person Karl war ein freundschaftliches und in Folge dessen wurde er zu politischen Aufgaben herangezogen.[20] Nach dem Tod des Kaisers erhielt er unter Ludwig, in dessen Gunst er ebenso stand, weil er sich 813 als Wortführer der versammelten Großen für die Ernennung Ludwigs zum Mitkaiser aussprach, zahlreiche Abteien wie St. Pierre au mont Blandin, St. Servatius in Maastricht und St. Cloud bei Paris et al. Einhart war dem gegenüber Karl schwachem Kaiser, obwohl seine politischen Tätigkeiten unter diesem noch zugenommen haben, kritisch gesinnt. Unter der Herrschaft Lothars, den Einhart als seinen Schüler betrachtete und von dem er sich eine tatkräftigere Wahrnehmung der Herrschaftsaufgaben erhoffte, als es bei Ludwig seines Erachtens der Fall gewesen war, sah Einhart der sich abzeichnenden Auflösung des Kaiserreiches mit Verbitterung zu. 840 starb er schließlich in Seligenstadt (Main), wo er noch 834 ein Kloster gegründet hatte und im Jahr 836 dessen Abt wurde.

---

[16] Buchner, S. 159.
[17] Hellmann S. 164.
[18] Vgl. Kap. 1.
[19] Vgl. Hellmann S. 166.
[20] Einhart ist als Überbringer der Urkunde der Divisio regnorum an Leo III. (806) bekannt.

4. Inhalt der Vita Karoli magni

Wie schon beschrieben, steht für Einhart weniger die Schilderung historischer Ereignisse in chronologischer Abfolge im Vordergrund, sondern vielmehr die Beschreibung der Persönlichkeit Karls: „[...] es ist (seine) Absicht, in gegenwärtiger Schrift weniger den Verlauf der von Karl geführten Kriege, als vielmehr seine Lebensweise aufzuzeichnen."[21] Warum Einhart dabei sein literarisches Vorbild in der Antike suchte und es in Sueton fand ist nicht genau zu klären und kann wohl als Stück freie Entscheidung angesehen werden.[22] Als Begründung dieser Tatsache kann wohl bestenfalls das Nichtvorhandensein einer mittelalterlichen Herrscherbiographie gesehen werden, an der sich Einhart hätte orientieren können. „Sah Einhard sich für eine Form, in die er den Stoff gießen wollte, nach einem Vorbild um, so schied das führende Werk der zeitgenössischen Historiographie, die Reichsannalen, aus; hier wäre ihm nichts übrig geblieben, als abzuschreiben und persönliche wie persönlich empfundene Züge einzuflechten, der strengen Geschichtserzählung einen panegyrischen Einschlag zu geben. Ebenso wenig konnte ihm die Legende helfen."[23] Die Vita Karoli magni sollte vor dem Hintergrund des *Divus Augustus*, der zweiten Vita aus der Reihe der 12 Kaiserviten Suetons, gelesen werden. Das Markanteste ist hierbei die Spaltung der Darstellungen und die Schilderung in den verschiedenen Kategorien. So leitet Einhart in den Kapiteln 1-3 mit den Schilderungen des Aufstiegs der Karolinger ein und gibt in Kapitel 4 selbst die Gliederung in drei Teile:

1. Teil: res gestae domi et foris (Taten)[24]
2. Teil: mores et studia (Charakter)[25]
3. Teil: regni administratio et finis (Reichsverwaltung und Ende)[26]

In diesem Teil der Arbeit geht es vor allem darum den Inhalt der Vita wiederzugeben und weniger um Interpretation verschiedener Textstellen. Dafür soll an anderer Stelle gesorgt werden. In der Praefatio, auf die im folgenden Kapitel noch näher eingegangen wird, schildert Einhart seine Motivation zur Verfassung der Vita und rechtfertigt sich vor seinen Zeitgenossen, die Vita ohne Auftrag Karls verfasst zu haben. Im ersten Kapitel schildert der

---

[21] Einhardi Vita Karoli magni S. 173.
[22] Vgl. Berschin S. 211- 212.
[23] Hellmann S. 168.
[24] Kapitel 5-17.
[25] Kapitel 18-25.
[26] Kapitel 26-33.

Verfasser die Machtverhältnisse im Reich der Merowinger, „aus dem die Franken ihre Könige zu wählen pflegten".[27] Einhart beschreibt den Zeitraum als Karls Vater Pippin zum König ernannt wurde und wie gering die Macht des Königs bis dato war: „Dem König blieb nichts anderes übrig, als zufrieden mit dem bloßen Königsnamen, mit langem Haupthaar und ungeschorenem Bart auf dem Throne zu sitzen und den Herrscher zu spielen [...] da er außer dem nutzlosen Königstitel und einem unsicheren Lebensunterhalt, dem ihm der Hausmaier nach Gutdünken zumaß, nur noch ein einziges, noch dazu sehr wenig einträgliches Hofgut zu eigen besaß".[28] Das zweite Kapitel behandelt die Rolle Pippins als Hausmaier, ein Amt, das er durch Kriegsverdienste der Vorfahren „schon wie ein erbliches Recht"[29] bekleidete und die Auswanderung seines Bruders Karlmann nach Rom und später nach Montecassino, wo er als Mönch „den Rest seiner Tage in frommer Lebensweise"[30] zubrachte. Schließlich folgt die Königserhebung Pippins „durch den Spruch des römischen Papstes"[31] und dessen Tod durch die „Wassersucht mit Hinterlassung zweier Söhne Karl und Karlmann, die nach dem Willen Gottes auf dem Thron folgten"[32] und das nun in zwei Teile gegliederte Reich friedlich regierten im dritten Kapitel. Anschließend skizziert Einhart, wie nach dem Tod Karlmanns Karl „unter allgemeiner Bestimmung der Franken zum König erhoben"[33] wird und die Nachfolge des Königtums antrat, das sein Vater Pippin von den Merowingern übernommen hatte. Im vierten Kapitel werden die Gründe geschildert, warum es für ihn nicht Frage kommt, Worte über die Kindheit Karls zu verlieren: „Über seine Geburt und Kindheit wie auch seine Knabenjahre zu schreiben halte ich für töricht, weil nirgends etwas darüber schriftlich aufgezeichnet ist"[34] und als Augenzeuge kommt Einhart selbst auch nicht in Frage, da er um einiges jünger ist als Karl, bei dessen Thronbesteigung er gerade einmal geboren worden war. Einhart zieht es vor, statt chronologischer Abfolgen die „Taten, Sitten und was sonst noch von seinem Leben zu berichten ist"[35] darzulegen und zwar „in der Weise, daß (er) zuerst über seine Taten im Innern und nach außen, dann über seine Lebensweise und Lieblingsbeschäftigung, zuletzt über seine Tätigkeit in der Staatsverwaltung und über seinen Tod berichte(t) [...]"[36]. Dass Einhart weniger eine chronologische Abfolge im Sinn hat wird auch im fünften Kapitel deutlich, da nun vom aquitanischen Krieg gesprochen wird, den sein

---

[27] Einhardi Vita Karoli magni S. 167.
[28] Einhardi Vita Karoli magni S. 167.
[29] Einhardi Vita Karoli magni S. 169.
[30] Einhardi Vita Karoli magni S. 169.
[31] Einhardi Vita Karoli magni S. 169.
[32] Einhardi Vita Karoli magni S. 169.
[33] Einhardi Vita Karoli magni S. 171.
[34] Einhardi Vita Karoli magni S. 171.
[35] Einhardi Vita Karoli magni S. 171.
[36] Einhardi Vita Karoli magni S. 171.

Vater begann und den er mit Hilfe seines Bruders Karlmann beenden wollte, der jedoch dem Hilfegesuch seines Bruders nach Beistand versagte. Nach dem Erfolg über Aquitanien und Waskonien folgt erstmals die Beschreibung der Teilhabe eines geistlichen Oberhauptes am Geschehen. Auf Bitten des Bischofs Hadrian von Rom unternahm Karl den Krieg gegen die Langobarden mit größten Anstrengungen. Einhart schildert folgend Unternehmungen Karls gegen den König Haistulf, gegen Desiderius und gegen den Herzog Hruodgaus, welche in der Übergabe gesamt Italiens an den Papst Adrian endeten. Anschließend wird der „langwierigste, grausamste und für das Frankenvolk anstrengendste"[37] Krieg gegen die Sachsen geschildert. An dieser Stelle geht Einhart auf seiner Meinung nach markante Merkmale der Sachsen ein, die „wie fast alle Völker auf dem Boden Germaniens wild von Natur, dem Götzendienst ergeben und gegen unsere Religion feindselig waren […]"[38]." Darauf folgt die Darstellung der Teilhabe Karls an den verschiedenen Schlachten im sächsischen Krieg und wie dieser und andere Kriege „durch die Geschicklichkeit des Königs"[39] beendet worden sind. Gleich wie kräftezehrend der Sachsenkrieg auch gewesen sein mag „blieb doch nichts von anderweitigen Geschäften ungetan, noch ging man irgendwo einem gleich mühevollen Kampf aus dem Weg."[40] Auch nicht dem Spanienfeldzug, der folgend als tückischer Krieg, wegen der vielen Hinterhalte und Treulosigkeit der Waskonen, dargestellt wird. Auch der Bretonen Ungehorsam duldete der Frankenherrscher nicht und ließ sein Herr gegen sie ausziehen. In Italien unterjochte er die Beneventaner, die sich mit der Übergabe von Geiseln und Geld vor einem Krieg retteten. Hier zeigt sich die Milde des Kaisers: „Mehr im Gedanken an das Wohl des Volkes als den Trotz des Herzogs nahm der König die angebotenen Geiseln an und erließ es ihm auch als eine große Gnade, vor seinem Antlitz erscheinen zu müssen."[41] In Tassilo fand Karl einen Widersacher, der sich, „auf Anraten seiner Gemahlin nämlich, die eine Tochter des Desiderius war und des Vaters Verbannung durch ihren Mann rächen zu können vermeinte"[42], mit den Hunnen verbündete und noch bevor es zu Auseinandersetzungen kam dem Frankenherrscher ergab. Es folgen weitere Beschreibungen von Auseinandersetzungen dieser Art mit den Hunnen, Slaven, Avaren und Normannen. „Dies sind die Kriege, welche der großmächtige König während der siebenundvierzig Jahre, die er regierte, in verschiedenen Ländern mit der größten Einsicht und durchaus glücklich geführt hat. In ihnen hat er das Reich der Franken, das er nach seinem Vater schon so groß und mächtig übernommen hatte,

---

[37] Einhardi Vita Karoli magni S. 173-175.
[38] Einhardi Vita Karoli magni S. 175.
[39] Einhardi Vita Karoli magni S. 177.
[40] Einhardi Vita Karoli magni S. 177.
[41] Einhardi Vita Karoli magni S. 179. Im Kapitel *Das Bild Karls in der Vita Karoli magni* wird eingehend auf die Beschreibung des Charakters Karls eingegangen.
[42] Einhardi Vita Karoli magni S. 179.

so herrlich erweitert, daß sein Umfang fast verdoppelt ward."[43] Welche Ausdehnungen das Reich nach der Herrschaftszeit Karls hatte, folgt im Anschluss und wird mit den außenpolitischen Beziehungen, die der Frankenherrscher knüpfte, verbunden. Es werden Könige, wie z.b. Alfons von Gallizien und die Könige der Schotten beschrieben, die Karl „durch Geschenke so sehr unter seinen Willen gebeugt (hatte), daß sie ihn nie anders als ihren Herren und sich seine Untertanen und Knechte nannten."[44]

Der zweite Teil der Vita (mores et studia), über den Charakter Karls, wird näher im Kapitel *Das Bild Karls in der Karlsvita* beschrieben und soll daher an dieser Stelle außen vor gelassen werden.

Schließlich wird das Testament Karls dargelegt, indem sein einzig überlebender legitimer Sohn Ludwig der Fromme zum Erben ernannt wird und in Aachen zum Kaiser. Schließlich werden Karls Krankheit, sein Tod und sein Begräbnis beschrieben. Darauf folgen ein Bericht über die seinem Tod vorangehenden Vorzeichen und eine wörtliche Wiedergabe seines Testaments einschließlich einer Liste der geistlichen und weltlichen Magnaten, die als Zeugen dienten. Die Vita schließt mit der Beteuerung, dass sein Sohn Ludwig die Bestimmungen des Testaments auch ausführen wird. „Das alles hat sein Sohn Ludwig, der nach dem Willen Gottes sein Nachfolger war, nach Durchsicht dieser Urkunde, so schnell er konnte nach seinem Tode mit der größten Gewissenhaftigkeit ausführen lassen."[45]

5. Einhart und die *Vita Karoli magni*

Dieses Kapitel behandelt im Speziellen die Motivation Einharts zur Verfassung der *Vita karoli magni* – eines Meisterwerks der mittellateinischen Literatur – und dessen Rechtfertigung vor seinen Zeitgenossen. Ranke stellte in seiner Kritik fränkisch- deutscher Reichsannalisten fest, dass Einhart mit Karl „das unschätzbare Glück" hatte, „in seinem Zeitgenossen den würdigsten Gegenstand historischer Arbeit zu finden; indem er ihm, und zwar aus persönlicher Dankbarkeit für die geistige Pflege, die er in seiner Jugend von ihm genossen, ein Denkmal stiftete, machte er sich selbst für alle Jahrhunderte unvergesslich."[46] D.h. ohne die Bemühungen Karls Literatur und Bildung zu pflegen, wäre ein Werk wie die *Vita Karoli magni*, die mit den einsilbigen und formlosen Werken der fränkischen Chronisten im achten Jahrhundert brach und den stilsicheren Ausdruck der klassischen antiken Autoren

---

[43] Einhardi Vita Karoli magni S. 183.
[44] Einhardi Vita Karoli magni S. 185.
[45] Einhardi Vita Karoli magni S. 211.
[46] Ranke, S. 416.

übernahm, nicht möglich gewesen."[47] „Ein wie ich glaube nicht unvernünftiger Grund, der auch schon für sich allein mich zur Abfassung dieser Schrift hätte bewegen können, lag für mich vor, die Erziehung, die mir zu teil wurde [...]"[48]. Diese Tatsache und der Fakt, dass [..] das freundschaftliche Verhältnis, in dem (er) zu ihm und seinen Kindern fortwährend stand, seitdem (er) an den Hof gekommen war"[49] verboten ihm Karls Taten in Vergessenheit geraten zu lassen;[50] „dadurch hat er (ihn) so tief sich verpflichtet und (ihn) im Leben wie nach seinem Tode zu seinem Schuldner gemacht, daß man (ihn) mit Recht für undankbar ansehen und erklären konnte, wenn (er), so vieler von ihm empfangener Wohltaten uneingedenk, die herrliche und glänzende Geschichte des um (ihn) verdienten Mannes mit Stillschweigen überginge und, als wäre er nie dagewesen, seinem Leben weder eine schriftliche Erinnerung noch das Lob widmete."[51] Ein weiteres Motiv Einharts die *Vita Karoli magni* zu verfassen ist das „Lob der Zeitgenossen", für das Curtius auf Tacitus verweist. Curtius schreibt, dass das Schema der Überbietung die Vergangenheit zugunsten der Gegenwart entwertet. Es soll also nicht nur die Vergangenheit beleuchtet und gelobt werden, sondern auch die Gegenwart.[52] „Es sei ja nicht so, daß die erschlaffte Natur nichts Lobwürdiges mehr hervorbringe"[53] und da Karls Taten unter dem objektiven Aspekt der *memoria digna* nicht der *oblivio* verfallen dürfen, ist dies für Einhart die primäre Begründung eine Biographie Karls ohne dessen Auftrag zu verfassen. Dass es durchaus problematisch sein kann, eine Vita ohne Auftrag der beschriebenen Person zu verfassen, zeigt sich in den Anfängen des Hauptteils der Karlsvita. Dieser ist vom „herkömmlichen Anliegen beherrscht, das literarische Vorhaben des Autors zu rechtfertigen und dem Vorwurf der Anmaßung zu begegnen, der berechtigt sein könnte, wenn der Verfasser keine triftigen Gründe für seine eigene Berufung dartun kann."[54] Einhart handelte „in dem Bewusstsein, daß niemand so wahr und treu wie (er) das aufzeichnen kann, was er selbst miterlebt und persönlich mit der Gewissenhaftigkeit eines Augenzeugen festgestellt habe und nicht genau wissen konnte, ob es von einem andern aufgezeichnet werde oder nicht."[55] Durch das Lob an seinem Zeitgenossen, wendet Einhart sich, unter dem gewaltigen Eindruck der historischen Erscheinung Karls, an die Verächter der Gegenwart (*vetera monumenta*). Gegen Widersacher, die ihm zum einen Anmaßung vorwerfen könnten und zum anderen nur daran interessiert sind die Vergangenheit zu verherrlichen, argumentiert

---

[47] Vgl. Ranke, S. 415.
[48] Einhardi Vita Karoli magni S. 165.
[49] Einhardi Vita Karoli magni S. 165.
[50] Vgl. Beumann, S. 3.
[51] Einhardi Vita Karoli magni S. 165.
[52] Vgl. Curtius, S. 172-173.
[53] Plinius zit. nach Curtius, S. 173.
[54] Beumann, S. 6.
[55] Einhardi Vita Karoli magni S. 165.

er wie folgt, in m.E. genialer Weise: „Um dieses zu beschreiben und darzustellen, wäre es freilich in der Ordnung gewesen, wenn sich nicht mein geringes und unbedeutendes Talent, das beinahe keines ist, sondern das beredte Wort eines Tullius bemüht hätte."[56] „Welche Vergangenheit mit Karl vergleichbare Größen aufzuweisen hat, ergibt sich indirekt aus Einhards Feststellung, daß nur Cicero ein kongenialer Biograph Karls hätte sei können. Hinter dem Geflecht der Topoi kommt ein Romvergleich zum Vorschein: die ohnehin nicht prinzipiell zu verachtende Gegenwart hat mit Karl römische Größe erreicht."[57] Indem er auf Cicero als einzigen kongenialen Biographen Karls hinweist und dessen vorchristlichen Terminus des Bescheidenheitstopos nutzt, der den Redner – in Einharts Fall den Schreiber – Unterwürfigkeit und Demut bezeugen lässt, nimmt er jede Anschuldigung der Anmaßung von sich. Einharts Vergleich der Größe Roms mit der Karls lässt auf Einharts Meinung schließen, dass in der Gegenwart keine ebenbürtige Persönlichkeit zu finden ist und dieser Fakt seine eigentliche, auf alles aufbauende Begründung, weshalb er sich selbst beauftragt hat die Vita zu verfassen, erhärtet; Karls Taten dürfen nicht der *oblivio* verfallen!

Im Zusammenhang mit der von Einhart beschriebenen persönlichen Verpflichtung wird die Aufgabe des Auftragstopos, den Einhart nicht nach den antiken Formen nutzen kann, da er keinen Auftrag hat, durch das Exordialtopos übernommen. Schon Theognis und Seneca weisen darauf hin, dass der Besitz von Wissen zur Mitteilung verpflichtet.[58] Die Gefolgschaftstreue, die im Mittelalter einen selbstverständlichen Vorstellungsbereich, der gerade bei außerfamiliären Beziehungen, wie die zu einem Herrscher, auftrat, wurde von Einhart nicht als literarisches Motiv herangezogen, denn seine „gesamte Argumentation war ein einziger Rekurs auf Sachliches: Augenzeugenschaft und damit Sachkenntnis, das Gewicht der Taten und der Person Karls und die aus den tatsächlichen Lebensumständen sich ergebende ethische Verpflichtung."[59] Außerdem möchte er durch seinen Bezug zu Cicero den Leser, indem er die Bescheidenheit selbst hervorhebt, wohlwollend und gefügig stimmen.[60] „Für sein sachliches Anliegen kann er umso mehr Kredit erwarten, je weiter er die hier ausschließlich auf rhetorisches Können bezogene Autorenbescheidenheit treibt."[61] Zu beachten ist dabei, dass er Cicero als Maßstab setzt. Indem er sein eigenes literarisches Unvermögen[62] ins Spiel führt, werden Karls Taten und Einharts Panegyrik empor gehoben.

---

[56] Einhardi Vita Karoli magni S. 167.
[57] Beumann. S. 7.
[58] Vgl. Curtius, S. 95.
[59] Beumann, S. 8.
[60] Vgl. Curtius, S. 91.
[61] Beumann, S. 8.
[62] Einhart hatte neben die Verrächter Gegenwart (*vetera monumenta*) die *amore diuturnitatis inlecti* gestellt.

Die Sache steht über der Form und bekräftigt umso mehr Einharts Standpunkt, die *oblivio* nicht zuzulassen.

Gegen wen genau ist die verdeckt- ironische Polemik gerichtet? Einhart richtet sich gegen die Verächter der antiken Profanliteratur, die es durch die strenge kirchliche Richtung nach dem Tode Karls am Hof zu genüge gab. Diese lehnten eine literarische Historiographie im Stil der römischen Geschichtsschreiber ab, deren Autonomie Einhart zu verteidigen sucht.[63] Die „Rechtfertigung der Profangeschichte" ist ein Topos, der sich schon bei Orosius findet und der die gesamte mittelalterliche Historiographie in zahlreichen Abwandlungen durchzieht. In seiner normalen Ausprägung wird die Rechtfertigung auf moralisch-erzieherischer Ebene gesucht, gelegentlich auch auf der metaphysischen: die Weltchronik (Hieronymus, Isidor) gewährt dem Gläubigen die Einsicht in das chronologische Koordinatensystem der Heilsgeschichte, mit dessen Hilfe der eigene Standort innerhalb der *temporum series* bestimmt werden kann."[64]

Einhart stieß bei seinen Zeitgenossen jedoch nicht nur auf Widerstand. Es war Lupus von Ferriéres, der die Vita als erster lobte und Walahfrid Strabo der sich diesem Lob anschloss. Walahfrid hob in der <Accessus ad auctorem> seiner Ausgabe der Vita Karoli, die er in 39 Kapitel untergliederte und welche noch heute als eine der schönsten und knappsten Hinführungen zur Vita Karoli gelten kann[65], die Autorenpersönlichkeit hervor: „Des glorreichsten Kaisers Karl Leben und Taten, die hier stehen, hat bekanntlich Einhart, der unter allen Höflingen seiner Zeit nicht nur durch sein Wissen, sondern auch die ganze Ehrbarkeit seiner Sitten hervorragte, niedergeschrieben und bekräftigt mit dem Zeugnis reinster Wahrheit als einer, der fast überall dabei war."[66]

6. Das Bild Karls in der *Vita Karoli magni*

Wie man spätestens seit Ranke weiß und wie es bereits zuvor erläutert wurde, sind die Aussagen Einharts über die Taten Karls in formaler Abhängigkeit von den antiken Kaiserbiographien Suetons. Insbesondere die Abhängigkeit zur *Vita Augusti* Suetons ließen Karl in der historischen Forschung zeitweise nicht als Frankenherrscher sondern als römischer Imperator erscheinen. Heute geht man jedoch davon aus, dass trotz dieser Abhängigkeiten ein insgesamt eigenständiges, lebendiges und zumeist auch wahrheitsgetreues Lebensbild Karls

---

[63] Vgl. Beumann, S. 9.
[64] Baumann, S. 9.
[65] Berschin S. 201.
[66] Berschin S. 203.

gezeichnet wurde. „Im Gegensatz zu den meist nur schattenhaften Umrissen seiner Nachfolger im König- und Kaisertum bis weit ins 12. Jahrhundert hinein tritt uns Karl als ganz eigentümliche Persönlichkeit in den zahlreichen Facetten entgegen: als Herrscher, militärischer Anführer, Diplomat, Gläubiger, >Exeget< und >Bildungsreformer<, aber auch als Sohn, Vater, Großvater und Ehemann, ganz gelegentlich gar als >Privatmann<."[67] In der Verwendung einzelner Redensarten Suetons, ja gar ganzer Phrasen, wurde dem Karlbiographen stetig der Vorwurf der Unselbstständigkeit und weitgehenden Abhängigkeit von seinem literarischen Vorbild gemacht. Für den Teil der Biographie, der für die Behandlung dieses Kapitels notwendig ist, also für die Erscheinung und Lebensweise Karls, kann dies auch nicht völlig abgestritten werden.[68] „Die Karlsvita ähnelt der Augustusbiographie, aber sie ist nicht das gleiche. Übereinstimmungen in manchen Äußeren, aber auch da nicht immer; starke Unterschiede in den meisten, was Wesen und Kern betrifft."[69] Die Abhängigkeit Einharts von Sueton und anderen ist von formaler Natur, allerdings ist sie nicht im Vorbild der antiken Autoren von der Art befangen, dass uns kein wahres Bild des Herrschers geliefert wird. Einhart schildert an keiner Stelle einen römischen Imperator wie Augustus, sondern stets den fränkischen Volkskönig.[70]

Nach den Schilderungen der Taten Karls in den vielzähligen kriegerischen Auseinandersetzungen, geht der Autor dazu über, die „Geistesgaben (Karls) zu schildern, seine ungemeine, in jeder Lage des Lebens, im Glück und Unglück gleiche Standhaftigkeit und was (sich) sonst auf sein persönliches und haußliches Leben bezieht"[71]. Wie in den Motivationen Einharts zur Verfassung einer Vita beschrieben, war das Verhältnis zwischen Karl und Einhart ein freundschaftliches. Daher verwundert es auch nicht, dass Karl für die eigene Gegenwart und für die Nachwelt als bewunderter Herrscher dargestellt wurde, der besonders großherzig in seinem Denken und Handeln war. „Der Wunsch, den toten Freund zu verherrlichen, veranlasst Einhard, Charakterschwächen und Schattenseiten seines Helden mit größter Zurückhaltung anzudeuten. Trotzdem: von dem übertriebenen und hemmungslosen Ton der Huldigungsepisteln und Carmina aus dem Hofkreis, dem Einhard selbst abgehört hat, ist in seiner Vita nichts zu finden."[72] Von jeglicher Übersteigerung hält sich die Vita fern und gleicht, besonders in dem chronologisch-politischem Teil, den Reichsannalen. Karl wird als frommer Mensch dargestellt, aber anders als in den Annalen, Gedichten und Briefen dieser

---

[67] Hägermann S. 633.
[68] Vgl. Rüngeler, S. 67.
[69] Hellmann, S. 53.
[70] Vgl. Rüngeler, S. 67-68.
[71] Einhardi Vita Karoli magni S. 189.
[72] Rüngeler, S. 66.

Zeit ist Karl nicht „mit einem religiösen Nimbus umgeben."[73] Statt wie die Hoftheologen es taten, Karl, der völligen Durchdringung des Geistlichen und Weltlichen zu bezichtigen, fehlt bei Einhart davon jede Spur. So zieht er beispielsweise nicht gegen die Sachsen in den Krieg, um ihnen den wahren Glauben zu bringen. „Aus kirchlichen oder aus religiösen Motiven entspringt kein Entschluß, noch lässt er sich aus religiösen Beweggründen zu einer Richtungsänderung in seinem Handeln verleiten."[74] Das heißt nicht, dass Einhart nicht versuchte in Karls Persönlichkeit, als charakteristisches Merkmal, die religiöse Gesinnung, samt den Normen der christlichen Gesetze und damit einhergehend sein Handeln empor zu heben und somit diese Eigenschaft bei den Untertanen Karls immer mehr zur Annerkenung zu bringen. Einhart versuchte Karls Wesen als Herrscher nicht durch eine religiöse Gesinnung zu bestimmen, sondern durch dessen Seelenhaltung als Menschen. Immer wenn er die Gestalt Karls beschreibt, dessen Gewohnheiten, Taten etc., so schwingt in jeder Aussage die Größe des Herrschers mit, die Einhart so beschwört. Er beizeichnet sie als *magnanimitas* oder *magnitudo* oder *animositas*[75]. Die *animositas* offenbart sich in der *patentia, constantia* und *prudentia* Karls. „Es ist die Hoheit des Geistes und der Seele, die er darunter versteht, eine Hoheit, die sich als Überlegenheit über Menschen und Dinge äußert und in der Unwandelbarkeit in Glück und Unglück sichtbar wird."[76] Karl war laut Einhart jemand, der das Wissen und die Wissbegierigkeit der Gelehrten hoch schätzte: „Die Erziehung seiner Kinder richtete er so ein, daß Söhne wie Töchter zuerst in den Wissenschaften unterrichtet wurden, auf deren Erlernung auch er selbst seinen Fleiß verwandte."[77] Karl selbst erlernte, laut Einhart, das Lateinische wie seine eigene Muttersprache und selbst das Griechische verstand er mehr als dass er es sprechen konnte. Allgemein war Karl „so beredt, daß er sogar geschwätzig erscheinen konnte."[78] Er ließ sich in Grammatik, Astronomie und der Mathematik unterrichten „und erforschte mit emsigen Fleiß und großer Wißbegierde den Lauf der Gestirne."[79] Er soll sich auch im Verfassen von Texten bemüht haben. „Doch hatte er mit seinem verkehrten und zu spät angefangenen Bemühen wenig Erfolg."[80] Die Familienverhältnisse nehmen in der Charakterisierung einen großen Teil ein. Der Kaiser wird als liebevoller Vater und als sensible Persönlichkeit dargestellt, der obgleich der Anzahl seiner Nachkommen jeden gleich verehrte und für einen Kaiser auf den Tod „seiner Söhne

---

[73] Rüngeler, S. 69.
[74] Rüngeler, S. 69.
[75] Einhardo Vita Karoli magni cap. 7, 8, 19, 21, 28, 11 (animositas).
[76] Fleckenstein, Josef: Karl der Grosse und sein Hof in: Karl der Grosse, Lebenswerk und Nachleben, Bd. 1, hrsg. v. Helmut Beumann, Düsseldorf 1965, S. 26.
[77] Einhardi Vita Karoli magni S. 191.
[78] Einhardi Vita Karoli magni S. 197.
[79] Einhardi Vita Karoli magni S. 197.
[80] Einhardi Vita Karoli magni S. 197.

und der Tochter „mit weniger Fassung als der hohe Sinn, der ihm eigen war" reagierte. „[…] die herzliche Liebe, die ihm nicht minder auszeichnete, rührte ihn zu Tränen."[81] Einhart übersteigert es sogar soweit, indem er Karl nachsagt, dass dieser nie ohne seine Kinder auf Reisen zu gehen pflegte und nie ohne sie speiste. Durch Überspitzung dieser Art wird Karls Vaterliebe in einer glorifizierenden Weise dargestellt, die wohl mehr einen tiefen Eindruck beim Leser hinterlassen soll, als es der Wahrheit entspricht. Aber dennoch ist es beeindruckend wie menschlich der Frankenherrscher dargestellt wird. Für Einharts Empfinden war Karl allen Personen, die ihm nahe standen und denen er freundschaftlich verbunden war, äußerst loyal und darüber hinaus in seinen freundschaftlichen Bekundungen ehrlich. Als Bsp. wird Karls Reaktion beim Tode des Papstes Hadrian ins Feld geführt, denn „er weinte so, als hätte er einen Bruder oder den teuersten Sohn verloren. Denn er war für Freundschaft äußerst empfänglich, indem er sich ihr leicht hingab, ohne Wanken an ihr festhielt und heilige Treue gegen jeden bewies, zu dem er in solch ein Verhältnis getreten war."[82] So hervorstechend und skrupellos sein Handeln im Krieg war, so empfindsam war er wegen „seiner angeborenen Güte und seiner gewöhnlichen Milde."[83] Er ließ weder Feinde, die nach seinem Leben trachteten, wie bspw. sein abtrünniger Sohn Pippin, töten, noch verwies er Fremde des Reiches. „Er selbst […] fühlte sich in seiner Hochherzigkeit durch eine solche Last in keiner Weise beschwert und wog vielmehr die bedeutendsten Nachteile mit dem Ruhm der Freigebigkeit und dem Lohn eines guten Namens auf."[84]

Neben Einhart gibt es weitere Quellen, wie die *Gesta Karoli magni*, die für ein idealisiertes Karlsbild verantwortlich sind. Ebenso wie die *Vita Karoli magni* berichtet auch die Gesta von den Feldzügen Karls, von seinen Beziehungen zur Kirche, von seinen Bildungsreformen etc. und schmückt dies in erfinderischen Anekdoten aus. Das hat zur Folge, dass die Erzählung Notkers „Karl den Großen unversehens in eine märchenhafte Ferne versetzt bzw. das Karlsbild Einharts in eine verklärende und trivialisierende Perspektive rückt: Karl ist damit nicht nur zum überragenden Staatsmann und Kulturpolitiker stilisiert worden, sondern auch zum hausbackenen Schulmeister und fürsorglichen Hausvater- in dem einen wie anderem Fall zu einer legendären Gestalt."[85] In Anbetracht dieser Quellengrundlage ist sich die Forschung bis heute nicht über das genaue Erscheinungsbild Karls im Klaren. „Er war von breitem und kräftigem Körperbau, hervorragender Größe, die jedoch das richtige Maß nicht überschritt – denn seine Länge betrug, wie man weiß, sieben seiner Füße -, das Oberteil seines Kopfes war

---

[81] Einhardi Vita Karoli magni S. 191.
[82] Einhardi Vita Karoli magni S. 193.
[83] Einhardi Vita Karoli magni S. 193.
[84] Einhardi Vita Karoli magni S. 193.
[85] Kerner S. 20.

rund, seine Augen sehr groß und lebhaft, die Nase ging etwas über das Mittelmaß, er hatte schönes graues Haar und ein freundliches, heiteres Gemüt. So bot seine Gestalt im Stehen wie im Sitzen eine höchst würdige und stattliche Erscheinung, wiewohl sein Nacken feist und zu kurz, sein Bauch etwas hervorzutreten schien: das Ebenmaß der anderen Glieder verdeckte das. Er hatte einen festen Gang, eine durchaus männliche Haltung des Körpers und eine helle Stimme, die jedoch zu der ganzen Gestalt nicht recht passen wollte; seine Gesundheit gut, außer daß er in den vier Jahren vor seinem Tode häufig von Fiebern ergriffen wurde und zuletzt auch mit einem Fuße hinkte."[86] „Die Diskrepanz zwischen Stimme und Gestalt weist darauf hin, daß die Heiterkeit, die Karl nach seinen Worten ausstrahlte, gelegentlich auch wildem Zorn weichen musste."[87] Ein Bsp. hierfür wäre das so genannte Blutbad von Verdun, welches Einhart wohlwollend übergeht. Als verlässliche Quellen für das Äußere Karls nennt Schramm die Königsbulle und Kaiserbulle, welche beide im „Département des Médailles" der Pariser Nationalbibliothek untergebracht sind. Des Weiteren gibt er das durch eine Kopie ersetzte Mosaik im Triclinium des Laterans an, sowie das untergegangene Mosaik in Santa Susanna, welches durch eine Reihe von Skizzen bekannt ist und verschiedene Münzen, Zierstücke und ein durch Papst Leo III. geprägter Denar. Dies ist als Bildmaterial in seinem 1929 erschienen Bildband zusammengefasst.[88] Unter Berücksichtigung der weniger schönen körperlichen Merkmale, die Einhart nicht beabsichtigt zu verschweigen, kann diese einmalige, auf den alternden Kaiser bezogene Personenbeschreibung wohl als die zutreffendste gelten. Zu beachten ist hierbei jedoch, wie wenig Originalität Einharts Schilderungen besitzen. „Sobald man den Parallelstellen nachgeht, verliert diese deutlich umrissene Erscheinung zunehmend an Schärfe, stellt sie sich immer mehr als ein Pasticcio aus verschiedenen Spolien dar, und am Schluß werden wir Mühe haben, wenigstens im einen oder anderen Stück noch eine originale Arbeit Einharts zu sehen. *Corpore fuit amplo atque robusto*, so war Suetons Tiberius (c. 68), *statura eminenti Caligula* (c. 50), *quae iustam excederet* wieder Tiberius (l. c.) – gegen den Einhart seinen Karl durch Verneinung absetzt. *Praegrandibus oculis* war abermals Tiberius (l. c.); die *canities pulchra* hatte Claudius (c. 30). An derselben Stelle fand Einhart die gleich folgende *formae auctoritas* und eine *dignitas vel stanti... vel sedenti*. Merkwürdigerweise sind beide Details, mit denen Einhart individuelle Abweichungen vom Ideal festzuhalten scheint, *cervix obesa* und *venter proiectus*, Eigentümlichkeiten Neros bei Sueton (c. 51). Das Ebenmaß, das bei Karl diese Unschönheit verdeckte, kaschierte bereits die

---

[86] Einhardi Vita Karoli magni S. 193.
[87] Fleckenstein, S. 25.
[88] Schramm, Percy Ernst: Karl der Große im Lichte seiner Siegel und Bullen, sowie der Bild- und Wortzeugnisse, in: Karl der Grosse, Lebenswerk und Nachleben, Bd. 1, hrsg. v. Helmut Beumann, Düsseldorf 1965, S. 20-21.

Kleinheit des Augustus (c. 79), das Hinken auf einem Bein schließlich vereint Karl nochmals mit Augustus (c. 80)."[89] Im Vergleich zu den früheren Darstellungen über Karl, z. B. von Alkuin oder Theodulf, ist für Einhart das Charakteristische und Wesentliche an seinem Herrscher deutlich anders gewichtet. „Darin, daß in Einhards Biographie vom König und Kaiser Karl ein Bild entworfen wird, der als Mensch und Herrscher Franke ist, der in seinem Aussehen, seiner Lebensweise Sohn seines Volkes ist, darin besteht das Neue, das die Vita in Hinsicht auf die zeitgenössische Literatur bringt."[90] Nicht nur die körperlichen Merkmale Karls erscheinen Einhart als berichtenswert, sondern auch dessen Kleidung. Wie das Kapitel 23 verrät, könnte man den Kaiser ohne weiteres als eitel, auf Statussymbole seiner Macht achtend und der Tradition seiner Vorfahren verpflichtet bezeichnen. „Die Kleidung, die er trug, war die seiner Väter d.h. die fränkische. Auf dem Leib trug er leinenes Hemd und leine Unterhosen; darüber ein Wams, das mit einem seidenen Streifen verbrämt war, und Hosen; sodann bedeckte er die Beine mit Binden und die Füße mit Schuhen, und schützte mit einem aus Fischotter- oder Zobelpelz verfertigten Rock im Winter Schultern und Brust; dazu trug er einen blauen Mantel und stets ein Schwert, dessen Griff und Gehenk von Gold und Silber war. Bisweilen trug er auch eine mit Edelsteinen verziertes Schwert, dies jedoch nur bei besonderen Festlichkeiten oder wenn Gesandte fremder Völker vor ihm erschienen. Ausländische Kleidung jedoch wies er zurück, mochte sie auch noch so schön sein, und ließ sie sich niemals anlegen, nur zu Rom kleidete er sich einmal nach dem Wunsch des Papstes Hadrian und ein zweites Mal auf die Bitte seines Nachfolgers Leo in die lange Tunika und Chlamys und zog auch Schuhe nach römischer Art an. Bei festlichen Gelegenheiten schritt er in einem mit Gold durchwirkten Kleide und mit Edelteinen besetzten Schuhen, den Mantel durch eine goldene Spange zusammengehalten, auf dem Haupte eine aus Gold und Edelsteinen verfertigtes Diadem, einher; an andern Tagen unterschied sich seine Kleidung wenig von der gemeinen Tracht des Volkes."[91] Die letzte Feststellung ist in soweit bemerkenswert, als dass Karl sich dem im gesamten Mittelalter verbreiteten Kleiderluxus entsagte und er diese Art der zur Schaustellung der Macht und des Reichtums verabscheute. Karl tritt in der Einhartschen Darstellung als Franke vor uns, als Mann des Volkes. Ähnliche Mäßigung zeichnete den Kaiser auch beim Alkoholgenuss aus, was zur damaligen Zeit, zumindest bei offiziellen Gastmählern, nicht dem Standart entsprach. Wie es für Einhart typisch ist, da er sich selbst in der Praefatio der Vita dazu verpflichtete, übergeht er nichts, auch nicht die Schwächen bzw. Laster des Kaisers, welche er natürlich – wie schon erwähnt –

---

[89] Berschin S. 214.
[90] Rüngeler, S. 68.
[91] Einhardi Vita Karoli magni S. 195.

nur äußerst zurückhaltend erwähnt. Eines davon war das Speisen. Vor allem der Braten tat es ihm sehr an, der ihn durch übermäßigen Verzehr auch gesundheitlich zusetzte. Selbst das Drängen der Ärzte hielt den Kaiser nicht davon ab, diesem Laster weiter zu frönen, wie er überhaupt das Zwangsfasten verabscheute.

Mit diesen Beschreibungen über den Charakter und das Erscheinungsbild des Kaisers „gelingt Einhart zwar kein modern ausgeleuchtetes Seelengemälde, doch erhebt sich seine Charakterzeichnung unendlich über die ältere, die zeitgleiche, aber auch die spätere Hagiographie oder Geschichtsschreibung, die uns nur höchst selten eine Persönlichkeit anders als im Spiegel approbierter christlicher Tugenden erscheinen lässt, ganz zu schweigen von der gedanklichen Präzision und sprachlichen Meisterschaft der Karlsvita."[92]

7. Schluss

Die Vita Karoli magni ist wohl auf historiographischer Ebene das wertvollste Erzeugnis der karolingischen Renaissance. Gleichsam einer hohen Fähigkeit antike Autoren und deren Stile nachzuahmen ist die Unabhängigkeit diesen gegenüber zu bewundern, insofern es im Bezug auf das Darzustellende notwendig ist. Auf seiner Ausbildung im Kloster Fulda und am Hofe Karls beruhend, hat Einhart es geschafft, eine persönliche Charakteristik Karls zu schaffen, die durch die Verbreitung der Heiligenviten abhanden gekommen war. Einhart war seinem Kaiser in Freundschaft verbunden und darüber hinaus so dankbar, dass er ihm, um ihn nicht in Vergessenheit geraten zu lassen, eine Vita widmete, auch ohne dessen Auftrag.

„Karl der Große ist hier nicht vor einen aus der Weltgeschichte geholten Hintergrund gestellt, sondern entsprechend dem Weltbild, das überhaupt am Hofe unter Karl galt, in den Rahmen der fränkischen Geschichte, die sich mit Karls Hinscheiden bereits dem Niedergang zuwendet."[93] Darin wird eine Begründung deutlich, warum Einhart eine gewisse Verfälschung nicht abzusprechen ist. Er ist nicht von einem gewissen Grad Euphemismus freizusprechen, d.h. es werden bestimmte Aspekte von ihm aus Rücksicht zum Hofe und in seiner Stellung als „Schuldner" Karls vernachlässigt oder beschönigt. „Gewisse, für Karl unangenehme Dinge überging auch er (Einhart) nach Möglichkeit mit Schweigen oder er suchte sie zu beschönigen, aus höfische(n) Rücksichten."[94] In der literarischen Darstellung wird das Lebensbild Karls als abgerundet beschrieben und einer Bewertung unterzogen, ganz

---

[92] Hägermann S. 638.
[93] Rau S. 160.
[94] Wattenbach S. 266.

wie es Cicero in seinem Werk *De Oratore* gefordert hatte.[95] Die Vita hatte ein politisches Ziel, welches in der Verherrlichung des Kaisers und in einer Bekräftigung der Legitimität Ludwig des Frommen lag und sie stellt die neu gestaltete fränkische Herrschaft dar, die sich innerhalb von ca. 50 Jahren komplett geändert hatte. Hier liegt ein Erkenntnisinteresse für den Historiker in der Quelle *Vita Karoli magni*. Auch wenn das Werk Einharts „voll von historischen Fehlern"[96] ist, so wird uns trotz alledem ein historisches Bild aus der Perspektive des Verfassers dargeboten. Dieses ist nicht zu unterschätzen und lässt weitere Rückschlüsse auf das politische, religiöse etc. Verständnis der Zeit zu und wirft die Frage auf, weshalb Einhart sich solcher Beschönigungen bemächtigte? „Nun muss man gerechterweise sagen, daß die Persönlichkeit des großen Karls generell auf die Historiographie der Zeit – wenn man so will und es scharf formuliert – „korrumpierend" gewirkt hat: Die 'Annales regni Francorum', die 'Annales Mettenses priores', ja sogar die jüngeren Teile der 'Continuationes Fredegarii', um nur einige Beispiele zu nennen, biegen den Sachverhalt und die historische Wirklichkeit zugunsten Karls und seines Vaters Pippin zurecht, freilich, ohne daß, wie es bei Einhard immerhin der Fall ist, das Erkenntnisinteresse zuvor offen gelegt würde, was ja immerhin einen „Fortschritt" bedeutet."[97]

Für eine weitere Erforschung des Lebensbild Karls müssten unterschiedliche Quellen tiefgründiger untersucht werden, die Karl als Persönlichkeit zum Thema haben. In dieser Arbeit – wie der Titel deutlich werden lässt – ging es ausschließlich um das von Einhart vermittelte Karlsbild und um Einharts Rolle selbst, was zum Verständnis zur Entstehungsweise und damit einhergehend zur heutigen Rezeption- und zum historischen Wert der Quelle unabdingbar ist. Durch den Vergleich der Vita zu anderen Quellen kann besser unterschieden werden, was als Tatsache oder nur als panegyrische Haltung Einharts angesehen werden sollte. Die Thematik Karl der Große, dessen Lebensbild und Rolle in- und für Europa werden noch lange, gerade unter dem Gesichtspunkt des ständig erweiterten Forschungsstandes, diskutiert und analysiert werden. Gleichsam des Wandels der Zeit, in dem sich jeder moderne Historiker befindet, wird sich auch die Sicht auf Karl den Großen und dessen Vita verändern.

---

[95] Vgl. McKitterick S. 23.
[96] Ranke S. 96.
[97] Wolf S. 312.

8. Literatur- und Quellenverzeichnis

Beumann, Helmut: Ideengeschichtliche Studien zu Einhard und anderen Geschichtsschreibern des Früheren Mittelalters, Darmstadt 1962.

Beumann, Helmut: Persönlichkeit und Geschichte, Bd. 1, Düsseldorf 1965.

Berschin, Walter: Biographie und Epochenstil im lateinischen Mittelalter, karolingische Biographie 750-920 n. Chr. (Quellen und Untersuchungen zur lateinischen Philologie des Mittelalters; Bd. 10), Stuttgart 1991.

Berschin, Walter: Personenbeschreibung in der Biographie des Mittelalters, in: Historiographie im frühen Mittelalter (Veröffentlichungen des Instituts für österreichische Geschichtsforschung; Bd. 32), hrsg. v. Anton Scharer und Georg Scheibelreiter, Wien 1994, S. 186-193.

Bredow, Gabriel G.: Karl der Große wie Einhart ihn beschrieb, die Legende ihn dargestellt, Neuere ihn beurteilt haben, Altona 1814.

Buchner, Rudolf (Hg.): Einhard Leben Karls des Großen, in: Ausgewählte Quellen zur deutschen Geschichte des Mittelalters (Freiherr vom Stein- Gedächtnisausgabe, Bd.5), Berlin 1955, S. 157-212.

Curtius, Ernst Robert: Europäische Literatur und Lateinisches Mittelalter, Bern 1948.

Haarländer, Stephanie: Vitae episcoporum (Monographien zur Geschichte des Mittelalters; Bd. 47), Stuttgart 2000.

Hägermann, Dieter: Karl der Große, Herrscher des Abendlandes, München 2000.

Hellmann, Siegmund: Einhards literarische Stellung, in: Ausgewählte Abhandlungen zur Historiographie und Geistesgeschichte des Mittelalters, hrsg. v. Helmut Beumann, Darmstadt 1961, S. 159-230.

Jarnut, Jörg: Karl der Große, Mensch, Herrscher, Mythos (Paderborner Universitätsreden, Bd. 66), Paderborn 1999.

Kerner, Max: Karl der Große, Entschleierung eines Mythos, Köln 2000.

McKitterick, Rosamond: Karl der Große (Gestalten des Mittelalters und der Renaissance), Darmstadt 2008.

Ranke, Leopold von: Zur Kritik fränkisch- deutscher Reichsannalisten, in: Abhandlungen der Königlichen Preußischen Akademie der Wissenschaften zu Berlin, Berlin 1855.

Rüngeler, Josef: Das Bild Karls des Großen in der zeitgenössischen Annalistik und in der Gedichts- und Briefliteratur, Münster 1937.

Tischler, Matthias M.: Einharts *Vita Karoli*. Studien zur Entstehung, Überlieferung und Rezeption, Hannover 2001.

Wattenbach, Wilhelm: Deutschlands Geschichtsquellen im Mittelalter, Vorzeit und Karolinger, Die Karolinger vom Anfang des 8. Jahrhunderts bis zum Tode Karls des Grossen, bearb. v. Wilhelm Levison und Heinz Löwe, Weimar 1973.

Wolf, Günther G.: Einhards hofhistoriographischer Euphemismus, in: Einhard, Studien zu Leben und Werk, hrsg. v. Hermann Schefers, Darmstadt 1997, S. 311-322.